AF226351

DISCOURS

PRONONCÉ PAR

LE F∴ JEAN-BERNARD

DANS LA TENUE M∴ DES DEUX LL∴

BÉLISAIRE ET LE DELTA

DE L'O∴ D'ALGER

A l'occasion de la Visite des FF∴ MM∴, venus à Alger pour assister

au Congrès de LA LIGUE DE L'ENSEIGNEMENT.

ALGER

IMPRIMERIE DE L'ASSOCIATION OUVRIÈRE, F∴ P. FONTANA ET C⁰⁰

1887

DISCOURS

PRONONCÉ PAR

LE F∴ JEAN-BERNARD

Dans la tenue m∴ des deux LL∴ BÉLISAIRE et le DELTA

DE l'O∴ D'ALGER

à l'occasion de la Visite des FF∴ MM∴ venus à Alger, pour assister au Congrès
de *La Ligue de l'Enseignement.*

———

T∴ C∴ V∴

et vous tous, mes F∴ F∴

Prenez garde ! ceci est un discours. — Les deux Loges
de l'Orient d'Alger, réunies, ont désiré que leur pensée
commune fût condensée dans quelques paroles, qui vous
seraient adressées ce soir par celui qui, dans nos tenues,
remplit ce que nous appelons les fonctions d'orateur. La
L∴ *Bélisaire* appartient au rite français, la L∴ *Le Delta*
au rite écossais, et, comme j'ai la faveur d'être membre
actif dans les deux rites, on a pensé que je pouvais, à
raison de cette circonstance, vous souhaiter la bienvenue.
C'est ce seul motif qui me vaut l'honneur de prendre la
parole ce soir.

Au surplus, pour ne pas retenir, plus qu'il ne convient,
votre attention, qui sera plus utilement sollicitée tout
à l'heure ; pour éviter toutes les digressions, qu'une
improvisation amène souvent, j'ai désiré fixer par écrit
ce que les deux Loges d'Alger veulent vous dire :
de cette façon, je ne suis qu'un porte-paroles, dont la

mission est tracée à l'avance et je m'acquitte de la *mission* que mes FF.·. m'ont confiée. Certes, n'eussent été cette circonstance et le grand plaisir de souhaiter la bienvenue à d'anciens compagnons de luttes, à d'anciens chefs de file, aux côtés desquels j'ai autrefois combattu, à Paris et ailleurs, pour cette Ligue de l'Enseignement, aujourd'hui triomphante, qui vous a amenés parmi nous, je me serais assurément dérobé à l'honneur qui m'a été fait, bien malgré moi, et j'aurais laissé la parole à d'autres qui, avec plus de talent et d'autorité, vous auraient exprimé les sentiments de la F.·.-M.·. algérienne : en occupant leur place, je me laisse imposer une véritable usurpation ; vous me la pardonnerez : elle a pour excuse le désir de vous témoigner quelle joie vous nous faites à tous, en venant visiter la famille maçonnique algérienne, qui n'est ni moins dévouée à nos principes, ni moins active dans la propagande de nos idées communes, que la famille française à laquelle vous appartenez.

Mais, tout bien considéré, ai-je le droit de faire cette distinction ? est-ce que, tous, nous n'appartenons pas au même foyer intellectuel. Reprenant pour notre compte, la comparaison du poète latin, nous pouvons dire que notre institution est comme un tronc robuste, dont les branches fortes et chenues poussent de divers côtés, et nous préférons de beaucoup cette idée, parce que nous la croyons plus exacte et plus vraie. Oui, nous partons du même tronc et nous vivons du même suc qui se répand, suivant les besoins de la croissance, jusque dans les plus petits rameaux.

Et qu'on ne nous parle pas de la distance qui nous sépare de la métropole : elle est plus apparente que réelle ;

grâce aux inventions merveilleuses de la science moderne, grâce à la vapeur, à l'électricité mises au service de nos besoins, nous pouvons communiquer avec la mère-patrie d'une manière constante et nous allons à Paris en deux jours à peine. La distance, en effet, a dit je ne sais plus quel utilitaire, diminue avec la facilité qu'on a de la franchir. Ceux qui, après Prévost Paradol, se plaisent à répéter que notre beau pays est le prolongement de la France ont raison ; « prolongement » me paraît même de trop ; ici, nous sommes en France, puisqu'ici ce sont les idées françaises qui règnent.

Qu'est-ce, en effet, que la patrie ? Ce n'est assurément pas la représentation de lignes conventionnelles tracées sur le papier, ni l'inscription de signes arbitraires entre des lignes coloriées ; ce n'est pas même la terre qu'abrite l'ombre du drapeau tricolore flottant sur les monuments publics : la patrie française, c'est le territoire où les lois, les idées françaises sont respectées, reconnues, acceptées, servies. Or, ici, dans notre beau pays algérien, que nous avons conquis autant par le pacifique rayonnement de nos idées de civilisation et de progrès que par nos armes, nous pouvons dire hardiment que nous sommes en France, parce que les idées françaises règnent dans tous les cœurs et que les lois de la France sont aimées, appliquées sur tout le territoire.

Vous avez dû vous en apercevoir, vous qui avez pris part au Congrès de la Ligue de l'Enseignement ; vous qui avez dû voir combien vos désirs étaient les nôtres, combien nos aspirations étaient les vôtres et combien votre œuvre était populaire en ce beau pays, qui ne demande qu'à être connu pour être aimé.

Et, à ce propos, laissez-moi vous remercier d'avoir choisi notre ville d'Alger pour y tenir ces assises de l'instruction populaire ; car en venant, parmi nous, discuter les graves questions, objet de vos importants travaux, vous avez obéi à un sentiment à la fois digne de vous et de la colonie. Je laisse, bien entendu, aux esprits mal avisés la pensée de croire que vous avez préféré Alger à toute autre ville de la métropole, parce que vous désiriez profiter de cette occasion pour venir admirer nos splendides points de vue, nos panoramas incomparables, notre port auquel un défaut de construction donne encore un caractère original, car les navires s'y balancent comme des demoiselles prêtes à danser ; vous n'êtes pas venu principalement, n'est-il pas vrai, pour surprendre, dans son agonie, la vie arabe étouffée par l'envahissement de la civilisation et luttant, avec le fanatisme musulman, contre les idées de progrès, dans les champs aux riantes perspectives, à l'ombre des orangers en fleurs ; l'assiduité qui vous a retenus au Congrès et dans les diverses Commissions est la réfutation d'une pareille supposition.

En venant à Alger, vous avez voulu nous donner un encouragement ; vous avez compris qu'il fallait nous pousser dans la voie dans laquelle nous avons engagé l'Algérie, où l'instruction se répand tous les jours davantage et forme des cerveaux prêts à recevoir cet esprit gaulois que vous aimez et que vous représentez ici. Vous avez voulu constater les efforts faits, les résultats obtenus ; vous avez vu des écoles ouvertes partout et, à leur suite, des collèges, des lycées qui se créent ; ah ! c'est ainsi que la France assure sa domination, c'est ainsi que la prépondérance française devient indestructible.

Depuis soixante ans que le sol algérien est acquis à la France, il a franchi les trois étages de la civilisation que représentent le soldat, le colon et l'instituteur.

Sans être terminée, la mission du soldat ne reprendra un rôle prépondérant que du côté du Maroc, le jour où nous voudrons prendre, à l'ouest, les frontières naturelles que la nature nous offre et que notre intérêt exige ; en attendant une occasion qu'il ne faudra pas laisser échapper, les soldats n'ont plus qu'à garder ce que leurs devanciers ont si héroïquement conquis.

Après le soldat, le colon est venu et a remué ce sol inépuisable qui, hier, champ de bataille, est aujourd'hui un champ de fertilité et d'abondance.

L'un est la conséquence de l'autre, comme l'a dit le poète :

> Car avec les héros, les laboureurs s'entendent,
> L'épée a sa moisson, le soc a son combat.

A l'heure de maintenant, l'instituteur entre en scène, et vous êtes venus consacrer cette prise de possession des intelligences, aussi importante que la prise de possession du sol lui-même. Après avoir conquis la terre et l'avoir fait fructifier, il nous faut conquérir les jeunes cerveaux, pour y jeter cette semence intellectuelle qui germera et d'où sortiront les récoltes futures qui, suivant la forte parole du conventionnel, sont la richesse d'un pays et lui assurent une réserve pour les heures sombres où il est menacé dans ses forces vives, dans son indépendance et dans son intégralité : forces qui pourront s'opposer à tous les envahisseurs, à ceux qui veulent restreindre sa liberté, comme à ceux qui veulent diminuer son territoire.

Oui, trois images sont les emblèmes mêmes d'une colonisation digne de ce nom : la caserne, la ferme et l'école.

Nos casernes africaines, nous les montrons avec orgueil, parce que, sur tous leurs murs, nous pouvons lire les noms de soldats vaillants et des dates de victoire. On a quelque peu médit de notre armée d'Afrique, mais on n'a jamais pu attaquer ni son courage, ni son intrépidité ; après tout, le plus bel éloge qu'on en puisse faire, c'est de dire à ses détracteurs : Voyez quel beau pays elle vous a donné et regardez quelles admirables contrées elle vous conserve. Saluons-la donc, cette armée d'Afrique comme notre alliée indispensable, comme notre devancière, car, à une époque où les fourneaux des usines de Krupp soufflent le feu nuit et jour, l'instructeur est le complément indispensable de l'instituteur, et l'école se fermerait si la caserne n'était pas ouverte.

Au surplus, nous sommes de ceux qui n'oublient pas les services rendus, et les deux monuments, que nous allons inaugurer pendant votre séjour ici, en sont une preuve que nous aimons à citer : celui du général Margueritte et celui du sergent Blandan. C'est ainsi que la démocratie aime à réunir, dans une même pensée de reconnaissance, ses héros les plus célèbres et les plus obscurs, honorant en même temps les étoiles du général et les sardines du sergent, le soldat de mérite ayant conquis ses grades par sa valeur et le jeune troupier fauché glorieusement au seuil de la carrière : tombant, tous deux, sublimes, au champ d'honneur.

Nous avons attendu votre arrivée, mes T∴ C∴ F∴ de France, pour inaugurer ces deux statues sur notre terre africaine, afin que sous leurs poitrines de

marbre ou de bronze, vou s sentiez en quelque sorte battre
et palpiter le cœur de ces soldats, à l'unisson avec les
cœurs de France, de cette France aimée pour laquelle ils
sont morts.

C'est grâce à cette armée de vaillants que la ferme a
pu prendre ces développements que vous avez admirés, et
que vous admirerez encore, quand vous traverserez ces
nombreuses vallées et ces plaines immenses qui s'éten-
dent jusqu'aux frontières de la Tunisie.

Et bientôt même, dans cette Tunisie, suite naturelle de
l'Algérie, qui devenant française tous les jours, complétera
ce que les anciens avaient appelé le grenier de Rome, et
récompensera au centuple la mère-patrie des sacrifices
des premiéres années ; dans ce quatrième département
algérien, ne tarderont pas non plus à s'allumer ces foyers
de l'intelligence, pour l'entretien desquels vous vous réu-
nissez tous les ans dans des congrès semblables à celui
qui nous vaut votre visite ; et ces écoles s'ouvriront tel-
les que vous les souhaitez, avec ces modifications que
vous apportez chaque année à son enseignement, chaque
jour un peu plus français, un peu plus national, enfin
digne de ce fier pays qui procède de Rabelais, de Montai-
gne, de Molière, de Voltaire et de Victor Hugo, ce der-
nier grand poète, dont une poignée de petits écrivains du
demi-monde littéraire, voulant frapper les fronts qui dé-
passent leur taille et faisant le trottoir académique pour
raccrocher l'immortalité qui les dédaigne, ont essayé,
récemment, de ternir la gloire sans y réussir, car Victor
Hugo restera, n'est-il pas vrai, le gigantesque remueur
de mots, le grand péleverseur d'idées, qui a nourri notre
jeunesse, comme il nourrira celles qui sont l'objet de votre
sollicitude.

Un homme, dont on a pu loyalement et peut-être avec raison combattre les idées politiques dans quelques-unes des phases de sa vie parlementaire, un homme dont les conceptions économiques peuvent nous diviser, mais dont il faut admirer sans réserve l'ardent patriotisme, en tant qu'il s'applique à cette merveilleuse trilogie : le soldat, le laboureur et l'instituteur; cet homme de génie, ce patriote enthousiaste et tout de probité qui incarna aux heures sombres de 1870, la défense nationale, Gambetta, quand il présidait notre premier congrès de la Ligue de l'Enseignement, nous disait : « L'instruction que vous préparez, c'est la moelle de lions pour nos enfants. »

— Oh ! je m'en souviens bien, — comme sociétaire du premier congrès, j'étais alors à ses côtés, entre lui et Jean Macé, à quelques pas de cet autre patriote que nous regrettons, Paul Bert, — et quand Gambetta prononçait sa belle harangue, nous frémissions tous alors dans l'immense salle du Trocadéro, secoués dans nos fibres par la puissance de cette voix du grand tribun, irrésistible, nous invitant à préparer cette moelle de lions dont se nourrissent les forts.

Par cette belle figure de rhétorique, Gambetta voulait nous dire que nous devons donner à nos fils une éducation forte qui rende leur âme ferme et leur cœur solide pour les luttes de la vie, une éducation telle que vous la comprenez, telle que vous nous la faites et telle que vous nous l'apportez dans vos congrès, qui laissent après eux comme un sillage ineffaçable. Ah ! cette Ligue de l'Enseignement, elle a accompli — pardonnez-moi le mot qui n'est guère laïque — elle a accompli des miracles. Elle a su grouper tous les hommes de bonne volonté, appartenant à des écoles philosophiques et politiques différentes, pour les mener ensemble au bon combat de la vérité contre l'ignorance et l'erreur ; et ce n'a pas été là une petite besogne que de réunir, en un même faisceau ceux que la politique désigne sous des noms divers, — et ne voyez en ceci aucune interprétation maligne, mais une simple constatation grammaticale — ceux qu'on désigne donc sous les noms d'opportunistes, de radicaux, de socialistes et même de possibilistes, pour en faire les champions d'une même cause, celle de l'instruction républicaine. Quelques-uns d'entre vous se souviennent de notre première réunion préparatoire, au Grand Orient de France, quand nous nous demandions — et non pas sans inquiétude — comment nous nous y prendrions pour ne pas nous quereller avant d'avoir même commencé notre œuvre. Au début, nous nous regardions comme des délégués de faïence— car nous étions délégués par des sociétés de province —. C'est alors que nous convînmes d'oublier les questions qui nous divisaient, pour ne nous souvenir que de celles qui nous unissaient, et nous nous proposâmes de faire des électeurs et non pas des élections — Dès lors l'entente était définitive et la victoire assurée.

C'était, au surplus, le principe même de la franc-maçonnerie moderne que nous introduisions ainsi dans la manière d'être de la Ligue de l'Enseignement: et de la sorte ces deux institutions se complètent et s'aident mutuellement, car si la Ligue de l'Enseignement forme l'esprit de l'enfant, la Franc-Maçonnerie façonne l'esprit de l'homme; l'une lui apprend à bien penser, l'autre à bien raisonner.—Toutes deux réunissent des hommes aux opinions de nuances variées, les rouges et les roses, les pâles et les cramoisis et imposent l'oubli momentané des querelles personnelles, leur apprend la tolérance, cette vertu maçonnique, qui est aussi la vertu des indépendants et des forts.

Comme la Ligue de l'Enseignement, la F∴ M∴ fait des électeurs et non pas des élections.

Et ceci, en dépit de toutes les circulaires impertinentes d'un employé subalterne de je ne veux pas savoir quel ministre mal avisé.

Oui, certes, nous devons former des électeurs et revendiquer hautement pour la F∴ M∴, le droit de faire de la politique. Sinon, nous n'avons plus qu'à plier nos cordons, à éteindre nos lumières, à briser nos maillets, à renverser nos colonnes et à fermer nos temples.

Si la F∴ M∴ ne fait plus de politique, elle manque son but et manque à sa mission.

Mais expliquons-nous : par « faire de la politique » nous entendons discuter les idées, et non pas discuter les individus.

C'est bien la discussion des idées qui nous appartient et à laquelle nous voulons nous livrer, en dépit des caprices d'un bureaucrate coléreux ou désœuvré.

La discussion des idées, des principes, des programmes : tel est notre champ d'action.

Nous savons que l'humanité est entraînée par un mouvement ascentionnel, qui la conduit du bien au mieux ; mais nous savons aussi que ce mouvement n'est pas spontané et qu'il faut, pour le produire, cette formidable force tractionnelle des idées, qui pousse notre société dans la voie des améliorations, des réformes intellectuelles et des révolutions morales. Or, c'est là notre besogne et notre travail de tous les jours.

Et en vérité, à quoi nous servirait de venir nous enfermer dans nos temples, de nous diviser par colonnes sous la direction de nos vénérables, en employant les vieilles formules si souvent critiquées, si tout devait se borner à cette mise en scène surannée, et si, de nos cérémonies symboliques ne se dégageait pas un enseignement et une propagande intellectuelle. Si le rôle de la **F.·.-M.·.** devait se borner à des réunions stériles, où l'on discute le secours à accorder à un **F.·.**, dans l'embarras ou à un voyageur à court d'argent pour continuer sa route, nous n'aurions qu'à nous annexer au bureau de bienfaisance et tout serait dit.

Mais ce qui fait notre force, ce qui constitue notre grandeur, ce qui constate notre utilité, c'est précisément la discussion des idées.

Ne pas faire de politique serait manquer à notre rôle historique et déserter la voie qui nous a été tracée par nos ancêtres et nos prédécesseurs. Si vous voulez savoir quels grands services notre institution a rendus, seulement depuis un siècle, aux idées de liberté et de progrès, reportez-vous, par la pensée, aux séances des grandes assemblées de la Révolution, où la vie de la France fut affirmée, la suppression de la monarchie séculaire des Capets votée, l'avenir de la France républicaine assuré ; et vous serez étonnés de la sûreté de jugement, de l'expérience de ces représentants du peuple âgés de trente ans, arrivant le cœur gonflé de toutes les saintes vertus de la jeunesse, naissant à peine à une vie politique encore chancelante et discutant les questions vitales d'une nation, faisant passer la France de l'esclavage monarchique à la liberté républicaine, avec un talent qui excite notre admiration.

Dans ce fait, les esprits superficiels n'ont voulu voir que l'entraînement d'une époque merveilleuse qui savait inspirer à des hommes, obscurs hier, des discours et des actes qui assurent leur immortalité. D'autres y ont vu l'intervention d'une Divine Providence, qui se serait mise de la partie pour sauver le peuple, en lui fournissant des défenseurs, illuminés tout à coup par une flamme surnaturelle.

Eh bien, non : dans l'enchaînement des faits historiques, il faut laisser ces interventions providentielles au domaine hypothétique des problèmes théologiques et il faut juger humainement les choses humaines, même les plus extraordinaires, celles qui nous semblent dépasser le plus la commune mesure des actes de notre puissance habituelle.

Si nous voulons savoir comment nos Pères de 1789 ont pu causer cet étonnement dans l'histoire, comment eux, qui n'avaient pu s'habiliter pour la vie publique, à une époque où il n'y avait ni presse, ni tribune et où les livres étaient soumis au visa des censeurs royaux, comment ils ont pu discuter, avec ordre, méthode et succès, les grandes questions dont la discussion a alors émerveillé l'univers, il nous faut en chercher l'explication dans les vieux procès-verbaux de nos LL.·. m.m.·.

Pour écrire un chapitre de mon *histoire de la Révolution française*, sur l'influence de la F.·.-M.·.-à la fin du XVIIIe siècle, j'ai pu consulter ces registres et j'ai lu ces annales, avec une sorte de frémissement mêlé d'une respectueuse admiration. Dix ans avant la convocation des

États-Généraux, on y trouve discutées, une à une, toutes les questions qui devaient être tranchées plus tard, soit par l'Assemblée nationale, soit par la Législative, soit par la Convention ; on y trouve, non pas seulement en germe, mais dans tous ses développements, la déclaration des *Droits de l'homme* ; cette arme qui a frappé le despotisme a été forgée dans les L.L.∴ M.M.∴ —

Robespierre, Vergniaud, Gensonné, Danton, Saint-Just, Camille Desmoulins, Barrère, Barnave, Target, Rabaud Saint-Etienne, Dom Gerle, Sieyès, Bailly, Petion et tous les grands noms de la grande époque ont été initiés à la philosophie et au droit national par la F.∴-M.∴ De telle sorte que lorsque la Révolution a éclaté, leur venue au pouvoir a été l'avènement logique d'hommes mûrs pour les affaires publiques et non, comme on le prétend, la prise violente et d'assaut du gouvernement par une poignée d'avocats d'aventure.

Rien ne se crée dans le monde physique ; de même dans le monde intellectuel ; que faut-il ajouter de plus ? N'est-ce pas tracer un vaste plan d'études auxquelles nous avons à nous livrer.

Certes, la République est fondée et nous la croyons bien assise ; mais qui d'entre nous oserait affirmer qu'elle a donné tous les résultats que nous sommes en droit d'en attendre, qu'elle a procuré toutes les réformes que nous souhaitons ?

Dans les jours de crise que nous traversons, la F.∴-M.∴ a le devoir d'étudier les problèmes économiques qui peuvent les faire cesser ; elle doit préparer à la France de demain, non pas seulement des hommes capables de prononcer des discours politiques proprement dits — besogne dans laquelle réussissent aisément les médiocres et les exaltés — ce qui ne veut pas dire les avancés — mais des hommes capables d'approfondir les grands problèmes de sociologie qui sont posés dès à présent et qu'il faudra résoudre demain, sous peine de livrer le pays à d'incalculables catastrophes.

L'heure de se payer de mots est passée : celle d'appliquer les lois scientifiques est arrivée, et c'est pour cela qu'il faut dresser des tribunes dans nos L.·., non pour y déclamer, mais pour y recevoir des leçons dont nous avons tous besoin. La politique ne s'improvise pas ; c'est une science complexe et difficile, à laquelle se rattachent les problèmes ardus de l'économie sociale contemporaine, problèmes qu'il faut connaître pour les faire triompher au Parlement, mais surtout pour en contrôler la solution préparée par nos mandataires, nos représentants directs.

Vous voyez bien que la F.·. M.·. doit s'occuper de la politique, mais laissant de côté toutes les misérables querelles de personnes, dédaignant les chapelles et les coteries.

La F.·. M.·. est une grande école pour les idées républicaines et nous ne reconnaissons à personne le droit de la fermer ; elle n'est pas un tremplin pour les ambitieux.

Elle discute, raisonne et instruit, et elle dédaigne les compétitions ridicules, où le talent, le savoir et la probité sont souvent vaincues par la médiocrité, l'insuffisance et l'intrigue. — Qu'importent les individus ! ils ne sont rien. Ils passent : le temps les abat, les emporte, comme le vent, quand vient l'automne, emporte, roule et détruit les feuilles mortes. — Les principes seuls sont tout ; ils sont immuables et indestructibles.

Voilà comment nous entendons la politique dans la F∴ M∴

Mais je m'arrête, car en vérité, ce n'eût pas été la peine d'écrire ce discours — le mot est peut-être trop prétentieux — s'il devait être aussi long que ceux que l'on court le risque d'improviser, quand la pensée court incertaine après l'expression elle-même, et que cette expression n'est pas fixée à l'avance par une préparation.

Si je continuais plus longtemps, quelqu'un pourrait me rappeler l'exemple de ce maire, chargé de recevoir je ne sais plus quel haut dignitaire et qui l'avait harangué par ces simples mots :

« Les discours les meilleurs sont les plus courts : Bonjour ! »

Bonjour ! sera cependant le mot que je répéterai — mais ce n'est pas celui, par lequel je veux terminer ; il rendrait mal la pensée des deux L∴ L∴ qui m'ont délégué.

Il en est un autre qui résume notre sentiment : Au revoir !

Au Revoir, et le plus-tôt possible : ce sera la seule façon de nous démontrer que vous êtes satisfaits de l'accueil que nous avons tâché de vous faire cordial et fraternel.

Alger, 16 avril 1887

F∴ JEAN BERNARD.

262